바로 가는 이야기는 없다네

문학들 시인선 016

유진수 시집

바로 가는 이야기는 없다네

문학들

시인의 말

간다, 너에게
눈보라 헤치고

몸을 낮추고
머리 숙이니

알겠다, 내가
쓰러진 이유

거대한 바위산 아닌
발아래 작은 돌부리

눈보라 몰아치고
솔가지 춤춘다

간다, 너에게
눈보라 껴안고

2022년 빛가람에서 연蓮에게
유진수

차례

5   시인의 말

제1부 꽃

13 꽃
14 클라고 그랴
16 달팽이의 항변
17 치자꽃
18 양말을 개면서
20 아내의 김밥
22 간격
23 뜻밖의 봄
24 왜 무등이 어머니 산인가
25 사랑의 물리학 – 엔트로피 법칙
26 홍합탕
28 슬픔은 삼 년 후에 온다
30 맥문동 숲길
31 슬퍼하는 너에게
32 필사의 노력

제2부 목포역

37 목련

38 목포역

40 덧셈의 함정

41 모퉁이에서 만난 사람

42 비빔밥

44 뚝배기에 추탕만 담는 것은 아니다

45 겨울 민들레

46 따뜻한 사람

48 땅콩

49 빨래집게를 위하여

50 등대

52 멸치

53 999

54 32국局에서 전화가 왔다

56 뿌리를 위하여

제3부 영산강

- 61 무등산 그 나무
- 62 바로 가는 이야기는 없다네
- 64 영산강
- 65 범람
- 66 소맥을 마시는 다섯 가지 이유
- 67 코로나 19
- 68 빨래를 널며
- 70 겨우내, 봄
- 72 홍어
- 74 오, 변기처럼
- 76 꼬막 삶는 법
- 78 국밥
- 80 메타세쿼이아
- 82 건선
- 83 중년의 새해

제4부 모든 상처에는 꽃이 핀다

87 산불은 봄비를 이길 수 없습니다
88 해녀
89 땅끝
90 맨드라미
92 눈 내린 오월
95 수선화에게 – 추사秋史의 노래
96 욕망이라는 이름의 전차
99 김남주
100 호남湖南
102 청자상감운학문매병 – 강진만에서
103 노회찬
104 금연
106 반달이
107 낮은 산을 위하여
108 모든 상처에는 꽃이 핀다

109 **해설** 일상 속의 본질 탐구와 긍정적 서정의 미학 _ 김규성

제1부

꽃

꽃

김치찌개 끓이던
아내의 원피스에 짓국이 튀었다

새로 산 꽃무늬 원피스
실망이 이만저만 아니다

군살 붙은 농을 할까
시답잖게 약을 올릴까
하다, 문득

야, 꽃이 폈네 폈어!
하니, 싸악

웃는다
꽃이 웃는다

클라고 그랴

할머니
꿈에 괴물에게 쫓기다가
낭떠러지에서 떨어졌어

응, 클라고 그랴

할머니
다리도 아프고 입도 아프고
밥을 못 먹겠어

응, 클라고 그랴

할머니
짜증 나고 울고 싶고
만사가 다 귀찮아

응, 클라고 그랴

어찌 아셨을까

소학교도 못 나온 울 할매
심리학 박사논문 나올 법한
신화와 성장의 비밀 꿰뚫고 계셨네

할머니
너무너무 보고 싶어

아가, 클라고 그랴

달팽이의 항변

와우
힘겹게 어딜 가니
더운 날 집에 들어가 쉬지 않고

와우
뭘 모르는 소리 마쇼
집이 아니라 짐이오

와각, 두 눈을 야린다

집이 짐이고
짐이 집인
세상

와우
그대와 나는 어디에 몸을 뉘뇨

치자꽃

한
여름
신열을 앓은
어린것의 이마에
하얀 손을 얹어주었네
열풍 쫓는 부채 바람 너머
엄마의 바다는 청상靑孀이었다네
살아도 사는 게 아니라는 젊은 엄마는
정갈한 가슴에 불을 지르고 말았네
적삼 저고리 불그레 물들이고
하얀 손 발그레 적시고
엄마는 말이 없네
마냥 웃을 뿐
하얗게
웃을
뿐

양말을 개면서

몰랐는데
양말을 개며 알았다

우린 참 다르구나

동글동글 말아서 칸칸이
납작납작 접어서 켜켜이

목 늘어나니 말자는 너와
아니다 아니다
짝 잃으니 접자는 내가

사계절 늘 푸른 바다가 있는
서랍장 안에서 물결친다

십수 년 몰랐는데
양말을 개며 알았다

서랍에는 밀물과 썰물이
함께 산다는 것을

아내의 김밥

소풍도 야유회도 없는
이른 아침 아내가 김밥을 만다

중심을 잡는 계란
낭만의 부산 어묵
해풍 가득한 시금치
추억의 분홍 소시지
알고도 속아주는 게맛살
짭쪼롬 달콤 아삭 우엉
없으면 안 먹은 것 같은 단무지
비릿하지만 뒤끝 깔끔한 오이

흥부네 식구들처럼
옆구리 터진 방에 나란히 누워
웃음과 눈물로 비벼진 하얀 밥을 기다린다

바다를 건너온 저 뗏목에 누워
다시 건너야 할 바다를 생각한다

세파에 떨어지지 않게
유혹에 미끄러지지 않게

어린것들 잘 동여매고
행복했던 순간 잘 붙들어 잡고

가끔 아내의 이유 없는 김밥에
많은 이유가 달린다

우리 잘 섞여 있는 거지
우리 잘 말고 있는 거지

간격

멀어지는 것보다
다가서는 것보다
어려운 게 있더라

한 발 멀어지면
한 발 다가서고

한 발 다가서면
한 발 물러서고

사이에서 꽃이 피고
사이에서 뿌리내리니

그대와 나 사이
흔들의자 하나 놓아두오

그대 흔들릴 때
나도 흔들리게

뜻밖의 봄

한바탕 맹추위
비 내리고 날이 풀렸다

봄날 같은 오후
저수지 한 바퀴 도는데

아내 눈에 아지랑이가
자꾸 아른거린다고 한다

심쿵, 노안이 왔구나!

인터넷 검색해 본다며
부산 떠는 아내에게

배수로 물 빠지는
얇은 소리 한마디 던진다

당신한테도 봄이 왔네그려

왜 무등이 어머니 산인가

망년의 숙취 등에 업고
월담하다 추락하고
새벽길 비틀거리고

미명의 휘파람
보라매 시치미 좇아
물 좀 주소 외치니

흰 수건 표표히 두른
부연 부뚜막 우리 엄니
서석대 선녀처럼 나타나

장불재 문간방
철없는 자식 속 달래러
소복소복 내린 숭늉 한 그릇

사랑의 물리학
– 엔트로피 법칙

널 처음 본 순간

큐브는 뒤섞이고
책상은 흐트러졌다

얼음물에 떨어진
한 방울 잉크

고립의 설원

먹이를 찾는
표범의 발자국

내 사랑은
여전히 무질서다

홍합탕

포장마차 사라진 팬데믹 성탄절
포장마차보다 포창마차스런
대학가 주점을 찾았다

청년 없는 주점 구석
일행 없는 노인 둘이 거북목을 한 채
호록호록 홍합 껍데기로 국물을 뜬다

노인의 옆자리
카바이드 불빛에 비친 포장 속 아버지가
내 유년 어귀에 뽀얗게 앉아 있다

귀퉁이 부서진 콘크리트 벽처럼
한쪽 어깨는 술잔에 닿아 출렁였고
서리 찬 뿔테 안경 너머 핏발 선
홍합 같은 눈

그날 난 만취한 아버지를 마중하지 않았다

날것의 갯바위와 파도치는 아버지
먼 바다 이야기 들으며 설레듯
불빛 장단에 엉덩이를 들썩거렸다

뜨거운 뭍을 떠나 바다로 돌아간 아버지
불현듯 그 옛날 뽀얀 모습으로 나타나
못한 아버지 노릇 하시려는 걸까

포장마차 사라진 팬데믹 성탄절
홍합탕 뽀얀 국물에 어설피 취한
시 쓰는 아들 배웅하며 소리치신다

"너무 삶지 말어."

슬픔은 삼 년 후에 온다

뒤돌아 서울로 향했다
한밤 전화벨이 울렸다
당신은 밤보다 깊게 떠났다

종잇장 같은 사람
나비보다 가벼웠던 사람
남의 살이라고 고기 한 점 입에 못 넣던 사람

나는 막걸리 한 잔 무게에 눌려
선지 빛 캐시밀론 담요에 갇혔다

지빠귀는 울며 날았다
먼나무 가지는 흔들리지 않았고
송글송글 눈만 붉혔다

사랑한 사람이 떠났다

지구를 가장 늦게 돈 슈퍼맨처럼
슬픔은 삼 년 후 불현듯

자동차 시동과 함께 찾아왔다

심장이 멎었다

맥문동 숲길

맥문동 숲길을 거닐다 보면
누구나 여인이 된다

고달픈 돈벌이
이래저래 고하지도 못하고
욱했던 젊은 시절 미안함에
술 한잔 받아놓고
주억주억 고개만 조아리는
반편이 사내들 무릎에 눕히고
누런 얼굴 초록 물들이며
녹색 치마 펼쳐 앉아
서걱서걱 속삭이리

까치밥 떨어진 동짓달
맥문동 숲길 끝 동백꽃
갓 붉게 여물고 있다고

슬퍼하는 너에게

폭풍 후 찾아온
고요의 이유를 묻지 마라

피투성이 발아래
돌봐야 할 어린잎들과 햇살

절망이 남긴 뼈아픈 희망
그것이 살아내는 이유다

필사의 노력

나무와 바람의 말을 옮긴다
꽃과 새들의 노래를 옮긴다

나의 시는
필사筆寫의 흔적

계곡물이 소란거릴 때
옹달샘이 슬픔에 잠길 때

열두 굽이 사연으로 흐르는 강과
더 이상 갈 곳 없는 사람들의 바다가

노래하고 춤출 때
분노하고 쓰러질 때

나의 노래는
필사筆寫의 노력

동트기 전 이슬을 받아

가난한 영혼들과 반쪽을 나누는

가장 치열한
필사必死의 투혼

제2부

목포역

목련

너를 생각하는 밤이 꼭 이랬다
하얗다고만 할 수 없는 새하얀 밤
싸구려 여관 벽에 붙여논 껌처럼
숱한 불면의 밤 보고 싶단 말도 굳어
질겅질겅 입속의 새하얀 잎으로
하얗다고만 할 수 없는 새하얀 밤
너의 집 담장을 비추던 은하수 아래
주머니 속 차비를 만지작거리며
너를 기다리는 밤이 꼭 이랬다
잎도 틔우기 전에 피는 꽃처럼

목포역

소싯적 흥을 버렸거나
어찌하다 반박 놓쳤다면
목포역 가설무대를 배회해 보라

울긋불긋 한때의 연예인들이
해병의 박수를 허공에 저으며
나비였다가 두루미였다가
아랑곳없이 반박을 펼친다

어떤 이는 짜부러진 탬버린에 손가락 걸고
어떤 이는 삐익삐익 앰프에 설움을 찢고
생애가 연예였던 만추의 나비들이
팬데믹 눈부신 오후를 출렁거린다

가난이 유산인 시대를 건너와
가난이 전염인 시대를 사는
엇박으로 점철된 변종의 시대

쿵짝쿵짝 덜컹덜컹

둠칫둠칫 덜컹덜컹

한때는 그들보다 찬란했을
오 분 연착 무궁화호 완행열차에
못다 한 나머지를 실어 보낸다

덧셈의 함정

a+0=0+a=a

0은 자연수가 아니다
0은 덧셈에 대한 항등원이다
0은 기계적 덧셈에 반응하지 않는
천심과 민심의 복판이다

0은 문명의 수이자 지혜의 수이다
있어 보이지만 없는 수이다
없어 보이지만 있는 수이다

0은 기도의 숫자다
0은 그 간절함으로 구체를 이루는
진실의 수이자 미래의 그릇이다

a×0=0×a=0

0은 심판의 숫자다
아무리 큰 수라 해도
0을 곱하면 그때부터 0이 된다

모퉁이에서 만난 사람

서귀포 칠십 리 노을을 등 뒤로 받았다
떠나온 자들의 고향은 선창가 모퉁이 어디쯤이다
찬란한 적 없는 꽃이 어디 있겠는가
누구나 한번은 골목 어귀에서 으스댔고
누구나 한번은 사랑에 목 놓아 울어 봤으니
검붉은 채찍에 절반을 내어주고
비릿한 날것에 한 잔 술을 붓는다
노을은 삽시간 검은 혓바닥에 감기고
모퉁이 선술집은 첫사랑처럼 붉게 젖는다
이별을 위해 떠나온 자들이 만나는 곳
떠나온 자들이 더 이상 떠날 수 없는 곳
서귀포 칠십 리 바닷가 모퉁이에는
살아남은 절반의 것들이 펄럭거린다

비빔밥

살 섞고 얼굴 비비며
향기 나누는 일이
어디 쉬운 일이더냐

한낮의 만찬
지지고 볶던 봄날은 가고
잉여 식탁 어디에도
엥겔 계수는 보이지 않는다

차라리 버려졌다면
영욕의 이름표 떼고
흙으로 돌아갈 것을
냉장실 뒤켠 서늘히 유폐되어
사지는 루게릭처럼 굳어간다

죽음보다 비참한 건 잊힌다는 것

잊힌 것들이 한데 모인 가설무대
한때의 캉캉과 붉은 플라멩코

뒤적뒤적 추억을 섞고 세월을 비비면
고소한 오렌지빛 땀방울은
여명과 황혼의 경계를 넘나든다

서로를 고요히 바라보며
체취를 나누는 정오의 만찬
살 섞고 얼굴 비비며
향기 나누는 일이
어디 쉽겠느냐만

잊고 살았던 잊힌 것들의
마지막 불꽃 향연
나누지 않는 삶은
바람에게도 잊힌다

뚝배기에 추탕만 담는 것은 아니다

 사월 끝자락 어느 날이었습니다. 허리가 아프시다던 어머니를 모시고 정형외과 하는 동창 녀석 병원으로 진료받으러 갔습니다. 얼마 전 초진을 한 병원에서 수술 이야기를 듣고 평소 겁이 없으신 어머니가 허리에 칼 대면 주저앉는다고 걱정이 이만저만 아니었습니다. 외삼촌은 3번 4번 척추가 탈이고 당신은 4번 5번이 문제라고 뼈도 유전이라며 니 허리는 우째 괜찮냐고 사슴 눈으로 무딘 화살을 돌리십니다. "엄니, 어디가 어떻게 아픈지 편하게 말씀하쇼잉." 어찌 된 일인지 서글서글한 입가는 얼어붙고 귀찮은 각다귀 쳐다보듯 주변을 힐끗힐끗하십니다. 시큼털털하게 병원을 나와 혼잣말로 '내 뒷바라지 잘했으면 니도 저리 좋은 자리 앉아 잘 살 텐디 못난 부모 만나 미안타' 하십니다. 대꾸할 수 없는 어머니의 묵언을 귓등으로 튕기며 근처 소문난 추탕집으로 향했습니다. 오랫동안 일꾼들 밥을 지으신 어머니는 한소끔 끓어오른 내 뚝배기에 부추 한 접시를 쓸어넣으며 나도 추탕집 주인도 쉬 알 수 없는 불편한 말씀을 초피 가루처럼 툭툭 뿌리십니다. "우째 내 뚝배기보다잉 니 뚝배기가 더 작은갑다."

겨울 민들레

꽃이 없어도
아름다울 수 있을까

홀씨 없어도
마음 전할 수 있을까

영하의 밤바다
온몸으로 건너온 민들레
검게 물결치며 아침을 맞는다

너와 함께한 기억만으로
엄동 혹한을 견디며
콘크리트 틈새 뗏목이 되었다

꽃이 없어도
홀씨 없어도

겨울 민들레는
널 향한 푸른 엽서가 되었다

따뜻한 사람

대통령 신년 기자회견 있던 날
영하 십 도 폭설은 퍼붓고
봄옷 차림 구멍 난 운동화
커피 한 잔 사 달라 애걸하는 이웃에게
길 가던 중년 사내 커피값 쥐여주고
점퍼와 장갑을 벗는다

골고다 예수를 보았다
보리수 싯다르타를 보았다
철환주유 공자를 보았다

살에는 채찍 흉터 새기며
좌심방 우심실 뜨거움 뿜는
성인의 정치를 보았다

십자가 뒤 냉혈한 아닌
불상 뒤 무뢰한 아닌
예의 뒤 파렴치한 아닌

스스로 빛으로
눈빛보다 빛나고
봄볕보다 따뜻한 사람
서울역 앞에서 보았다

땅콩

천호동 반지하 단칸방 생각나니
여름은 시원하고 겨울은 따뜻해서 좋다고
서로를 다독이며 캐시밀론 담요 한 장
양탄자처럼 품고 재개발아파트 상공을 날아다녔지
가끔 창틈 반 줄기 빛 스타워즈처럼 쏟아질 때
매품 파는 기분으로 서로를 물끄러미 쳐다봤지
옹벽 틈 자라는 민들레를 보고
고목 껍질 뚫는 어린 벚 잎을 보고
뿌리내리는 모든 것들의 시작은 지하일 거라고
부끄러운 침묵으로 서로를 감싸주었지
땅콩껍질 속 고른 이마 맞대고 누워
영원히 소유할 수 있는 공간은 없다고
야광별 천장 은하수 헤아리다 잠든 밤
우리가 빌려온 그날 생각나니

빨래집게를 위하여

명절 전 돌아온 주물 솥 같은 네 손에
핏줄 터진 긴 명줄 매달리기
부끄럽고 미안하다

쪽빛 하늘, 젖은 몸 붙잡아
고실고실 말리게 하고 싶다만
널 보낸 후 내 입술은 굳어버렸다

콧구멍으로 숨 셔도 사는 게 아니라는
뻔한 거짓을 중얼대며
어깃장 툴툴거린 네 어깨를 빌린다

매달린 네게 매달린다는 게
기대는 네게 기댄다는 게
염치없지만 가끔 하오의 하늘은
염치없이 푸르다 죽지 못해 살 만큼

등대

당신처럼 살지 않으리라
숱한 숙취의 밤을 뒤척였건만
결국 삶의 경계를 무너뜨리고
당신의 파도 앞에 섰다

살아 있다면 언젠가 찾아오리라
달 없는 밤 냉정한 그리움은
무참히 별빛으로 쏟아지고
갯강구 발놀림처럼 늘 기습적이다

외로워야 당신이 보이는 이유는
철없는 밤 족쇄 되어
어둠보다 어두운 그림자에 채워졌다

울지 않으리
얼마나 다짐했던가
섬이 되지 않겠다
얼마나 되뇌었던가

하지만 시나브로
당신이 올지도 모르는 곳을 향해
외발로 곧추서 바라보는 게
오후의 행복이라고 느낄 때

원망과 두려움의 시간은
갯돌에 부딪혀 물거품으로
당신께 닿을 수 없는 거리는
사리와 조금의 언저리께 어느 별에서
휘영청 휘영청 헤매고 있으리라

멸치

새롭다는 이유로 감동이 없거나
서정의 구실로 절실함을 놓쳤다면
비 갠 포구 널어진 멸치 떼를 보라

하나같이 다른 모양으로 생을 마감한
은빛 물결들이 순환하는 달의 물때를
밀고 당기며 온몸으로 기억한다

상처에 취해 늘 같아 보이겠지만
어제 같은 오늘도 오늘 같은 내일도
바다는 한순간도 허락하지 않는다

부풀어오는 상현과 질펀한 어깨춤
이지러지는 하현과 역동의 입맞춤
멸치는 때를 알고 절반을 받아준다

절반을 받고 전부를 내어준 멸치는
게으른 입속 침묵의 아우성 되어
한술 밥보다 절실한 짠내로 파도친다

999

  나주발 광주행 999번 버스에 올라 삼십 년 묵은 시집을 펼친다. 시간을 토해낸 비릿한 시어들은 여기저기 흙빛 몸뚱이를 굴리며 맛을 모르면 눈요기나 하란 듯 편집의 포위망을 뚫고 유영한다. 유년의 밥상머리 알 수 없는 미소를 지으며 갈치속젓을 올려준 아버지의 속내가 시집에서 울고 있다. 아버지와 나의 은하철도는 여전히 달리고 있다. 쇠락한 기적을 울리며 슬픈 안드로메다를 향해, 눈동자만 불타오른 채

32국局에서 전화가 왔다

밤새 비 내리고 회색빛 전화가 왔다
젖은 불꽃이 튀고 단백질 타는 아련한 냄새는
오랜 목소리들을 소환했다

꿈속 소리는 순간이다
그리움이 외로운 건
순간의 기억을 간직해야 하는 이유다

이른 새벽 할아버지가 수레를 끌고 있다
오르막길 힘겨워하는 가련한 사람을
검게 타버린 전봇대 뒤에서 지켜본다

병역 거부로 영창에서 나온 외삼촌이
동네 마트 평상에 걸터앉아
꾸룩꾸룩 막걸리를 들이켜고 있다
입을 훔친 후 꺼억 대는 트림이
세상을 집어삼킬 듯 매섭다

방 안 중년의 사내가 웅크리고 있다

TV를 보는지 골똘한 생각에 빠져 있는지
전쟁의 상처가 오버랩되어
브라운관 불빛에 알록달록 상기되어 있다

혼선 너머 들리는 아련한 소리
꿈에서라도 나타나 흉흉하게 하지 않겠다는 약속
고집스레 지킨 나의 서사꾼 할머니

밤새 안개비 내리고
회색 불꽃이 튀고 따릉따릉 벨이 울린다
32국局에서 전화가 왔다

뿌리를 위하여

삶이 송두리째 뽑혔을 때
누구나 난간에 서게 된다

빛나는 순간은 아직 오지 않았다는
마포대교 코끝 시린 위로에도
발붙일 곳마저 허락되지 않을 때
어떻게 살아야 하나

쓰디쓴 얼굴을 묻고
삶의 난간을 두드린
고달픈 영혼이 어디 한둘이랴

그럴 때면 심연 한 곳을 유영하는
밑바닥 넙치들을 보라
좌든 우든 시선 따윈 개의치 않고
좌향 우향 빛나는 진흙의 날갯짓

삶이 송두리째 뽑혔을 때
다시 뿌리를 생각한다

지난여름 태풍 후
뿌리는 땅 위에서 마지막 흙을 품고
새들과 아침 노래를 만들었다

희망이 절망을 돌려세우지 못할 때
뿌리는 땅 위에서 꿈을 버리지 않고
작은 것들과 자신을 나누었다

제3부
영산강

무등산 그 나무

꺾인 게 아녀
부러진 게 아녀

우째 하늘만 보고 산당가
땅 고마운 줄도 알아야제

여태 젖 물려 키워준
엄니 발등에 입맞출 줄도 알아야제

우째 비바람을 탓하것는가

벌써 어린것들은
이 나무 저 나무 생계를 실어나르네

무섬 많은 작은 놈들 품어주고
촉촉하게 이끼 융단 깔아주면

다시 엄니 곁으로 가는디
우째 운명을 마다하것는가

우째 비바람을 탓하것는가

바로 가는 이야기는 없다네

완행을 탔습니다
돌아 돌아간다는 이야기지요
이야기라는 게 원래 그렇습니다
바로 가는 법이 없습죠

돌고 돌아 길 너머 길이 되고
막다른 길 너머 물이 되고
흐르다 못해 소쩍새 울음 우는
소설 같은 인간사 늘어놓습죠

막걸릿잔에 얼굴 감추고
청송이라던가 몇십 년 살았다는
시장통 부질없는 겁박.
앞니 떨어낸 못난 사내의 서사가 되고
어깨 들썩이며 복사꽃 두 뺨 비비고픈
왈짜의 파도 너머 완행을 탔습니다

숨 한번 고르고 나니
이야기라는 게 그렇습니다

열에 한 번은 울음이 되고
백에 한 번은 그리움이 되어
다시 기차는 출렁입니다
어제 같은 오늘 나주역에서

영산강

왜 돌아서 왔냐고 묻지 마라

햇살보다 눈부신 노을빛이
살다 보면 있다는 걸 알 때까지

왜 기다리게 했냐고 묻지 마라

기다림이란 시간을 향한 게 아니라
두근거리는 심장을 향한 새벽이슬

돌아온 자 자유로워라
떠나는 자 찬란하여라

저문 강 노을과 함께
흐르는 대로 흘러가는 대로

범람

벼랑 끝 흔들리는 꽃도 위태롭다만

하늘이 뒤집혀 쏟아붓는 장맛비
새색시 정수리 넘실대던 느러지강은
붉은 찰수수 담장을 넘었다

여인의 푸른 소매를 붙잡는 것처럼
애닯고 아슬아슬한 일이 또 있을까

십 년에 달포 모자란 시집살이
밤새 분탕 치던 장대비에 휩쓸려 가고
원망 못 한 원망은 손톱 밑 까맣게
울멍울멍 스몄다

벼랑 끝 흔들리는 꽃도 위태롭다만

넘치는 그리움에 잠겨버린
청상靑孀의 마음은 어떠했을까

소맥을 마시는 다섯 가지 이유

헛헛한 내 열정 받아줄
당신의 바다에 뛰어들고 싶었습니다

투명한 그리움 바닥에 깔고
온통 당신으로 채우고 싶었습니다

가진 게 많든 적든 서로 부둥켜
돌돌 잘 말리고 싶었습니다

거품 속에 가려진
진짜 당신을 보고 싶었습니다

먼 길 돌아온 지친 당신을 위해
뜨겁고 시원한 피가 되고 싶었습니다

코로나 19

니들이 독립운동을 했노
전쟁을 겪었나
민주화 운동 때 숨게 주고 숨어 봤노
아이엠에프 때 짐 싸 봤나

느그들은 걱정 마라잉
이 할미한테도 할미의 할미한테도
항시 거시기가 있었다
긍께 니들도 거시기가 있당께
암 있고 말고
암시랑토 안타

그리운 전주댁 내 할머니
죽어도 손주 꿈에는 안 나타겠다던
양동시장 518 주먹밥 내 할머니
어쩐 일로 현몽하시어
전라 경상 뒤섞어 한 말씀 하시네

아가, 대구가 광주다잉
싸우덜 말고 서로 돕그래이

빨래를 널며

한바탕 소용돌이 겪은 후
탈진한 너와 마주 앉아
한동안 말을 잊었다

일상의 색과 결이 달라
십수 년 헤어져
제각기 삶의 이유로
또다시 한데 섞여
구차한 세월의 변명을
헹궈낼 수 있을까

파도가 지나간 자리
널 불러 세우며
처음 만난 그날처럼
온몸으로 떨었다

생활의 계곡에서 길어온
주름지고 비틀어진 영혼 속으로
바람아 불어다오

연민의 눈물 탈탈 털고
다시는 날아가지 않게
두 어깨 꼭 붙들어다오

과거를 표백할 수 없고
태양을 노래할 수 없는 지금

너와 마주 앉아
한동안 말을 잊었다

겨우내, 봄

돌아온 너에게
아무것도 묻지 않겠다

살다 보니 인생은
때를 맞춰 사는 게 아니라
침묵의 때를 기다리는 것

살 떨리게 추운 봄날도 있고
봄보다 따뜻한 겨울도 있음을

정월 초닷새
소낙비 맞고 알았다

지난 계절 온몸으로 밀치고 떠난
칼바람 같던 갈색 머리 어디 두고
새색시마냥 돌아와
그렁그렁 잠들어 있는지

돌아온 너에게

더 이상 묻지 않겠다

아픈 데 없지
그거면 됐다

홍어

썩을 놈

먼 길 떠나며 온다 간다
한마디 말도 없더니

유채 분내 맡고 왔더냐
철쭉 옷깃 따라 왔더냐

해 질 녘 영산나루 뒤태
얼마나 간드러지길래

코쭝배기 한번 안 뵈던 놈
애끓는 냄새 풀풀 풍기며

삭힌 속사정 고하러 왔더냐
뻥 뚫린 사연 털러 왔더냐

별빛은 무참히 쏟아지는데
달무리 여전히 출렁이는데

정인은 어데 가고 등대만 남았더냐
하세월 어데 가고 짚풀에 누웠더냐

오, 변기처럼

 강원도 인제군 용대리 바람 많아 풍대리라 불렸던 내설악 자락 51연대에서 처음 만난 그는 똥차 운전병이었다. 동짓달보다 매서운 칼점호도 그는 예외였다. 군기 담당 상병 말호봉 기지개도 취침 빵빠레가 한참 울린 뒤에 들어온 그를 애써 외면했다. "냄새 나 새꺄, 씻고 자!" "히히, 씻었지 말입니다." 외풍인지 내풍인지 부서진 문틈으로 불어대는 내무반 말석에 앉아 그는 경계근무 마치고 돌아온 내게 동상 걸린 발가락 후비며 세상 짐 다 내려논 표정으로 귓속말을 한다. "야~ 신뼁! 나 파견 갔다 온 고참이야 임마. 졸라 춥지? 근데 어쩌냐… 남은 침낭이 없다. 히히, 일루 와 나랑 같이 절반씩 덮자." 거절해도 막무가내다. 말이 실내이지 한겨울 그곳은 그 이상 의미가 없다. 서로 반쯤 가린 얼굴로 누워 그는 아무도 묻지 않을 것 같은 청사진을 선홍빛 취침등 아래 띄웠다. 지금은 부대마다 똥 푸러 다니는 데 제대하면 8톤 카고 화물차를 운전할 거란다. 신났다. 엉덩이를 들썩이는 게 이미 한 팔은 운전석 창문에 걸쳐져 있다. 샐쭉거리며 사람은 이름대로 산다는 둥 자기 이름이 오변기라 군대에서도 똥차를 몰게 됐다는 둥 사타구니 안팍을 벅벅 긁어댄다. 똥독이란다. 그래서 군기 담당 고참들에게도 열외라고 금세 행복해 한다. 기아나형무소* 절벽을 기어오르는 아슬아슬한 가려움은 어디나 있을 법한 동네 바보 같은 함박웃음에 스멀스멀 씻겨 갔다. 한참 정적이 흐르고 똥독 오른 오변기는 방한용 스키파커를 걸치더니 실눈 뜬 내게 나머지를 덮어주고 절반의 절벽을 향해 걸어갔다. 밖은 영하 20도 알싸하게 지린 암모니아 바람 속에서 얼음꽃이 만개했다.

* 기아나형무소 : 영화 〈빠삐용〉의 나오는 프랑스령 형무소.

꼬막 삶는 법

생활의 바다는 주름져 있다
손톱 끝에 자그락 걸리는 골 팬 파도는
꼬막 할매 소금 쩐 이야기를 톡톡 드민다

가난도 시국도 험한 팔공 년도
해감 덜 된 자식 놈 뻘 되지 마라
광주로 공부 보냈다더라
서울서 출판사 댕기며 시 쓴다길래
두고 간 손전화 너머로
가끔 갯내 실어 보냈더니
술로 시를 썼는지
시로 술을 썼는지
간장 다 녹이고 돌아와
시보다 푸른 보리밭이 됐다더라

꼬막을 삶을 때 이짝저짝 휘저으면
살이 찢어지고 안 까지는 뱁인디
천금 같은 내 새끼 이리저리 돌려
내가 죄 받는갑다 죄 받는갑다

그라고 너무 폭 삶으면 안 되야잉
뽀짝 말라져 육질이 질겨진당께
피가 사르르 돌아야 제맛이제

먹을 줄만 알았지
삶을 줄은 몰랐다
한 방향으로 익혀 봤나
피가 돌게 살아왔나

벌교 바다는 늘 피가 돈다

국밥

찬바람이 불면 사내들은
국밥 한 그릇에 군불을 지핀다

선지 한 덩이 입안에 품고 호우호우
안개 낀 전장에서 살아남은 초병처럼
이마를 훔친다

모락모락 피어오르는 국물에
굳어버린 근육을 적시고
어제보다 빠른 중년의 오늘을
잠시 멈춰 세운다

온갖 것이 뒤섞인 일상의 뚝배기
깊이 가라앉은 흰 밥알들이
비릿하고 고소한 피의 대가로
한잔 술을 청한다

산다는 건
만물의 살점과 부속으로 연명하는 것

마지막 국물을 들이켤 때
왜 얼굴을 묻고 머리를 조아려야 하는지
쓰라린 패배만이 가르쳐주는 것은 아니다

찬바람이 불면 사내들은
국밥 한 그릇에 자신의 절반을 담근다

메타세쿼이아

삼백만 년 전 당신이 떠났을 때
다신 돌아올 줄 몰랐어요
하늘 향해 뻗어가는
우리 사랑을 시샘한
숲의 정령은 마법을 걸었지요
하루가 다시 하루
한 달이 다시 한 달
뾰족한 잎들은 화살이 되어
당신을 그리워할 때마다
당신을 노래할 때마다
독수리에게 간을 쪼이듯
당신의 그림자가 살아 있는 눈동자에
붉게 붉게 꽂혔지요
매일같이 눈멀고
매일같이 피 흘려도
공룡의 시대가 가고
얼음의 시대가 와도
당신이 심어준 불꽃 꼬옥 품었지요
불꽃을 품은 심장은

마법도 어찌할 수 없나 봅니다
마법을 이겨낸 사랑 앞에서는
세월도 어찌할 수 없나 봅니다
이제 당신에게 갑니다
당신을 기다리는 동안
별이 되어버린 열매
지상에 뿌리며
당신의 한 걸음 옆
당신의 한 걸음 뒤

건선

삼십 년 지기가
삼십 년 전 건선이 재발해
서울대학병원까지 다닌단다

삼십 년이면
없던 병도 생기고
떠났던 병도 돌아오겠지

호전되고 악화되고
다시 좋아질 거라 믿는 게
사는 힘 아니었던가

인생은 살아가는 것보다
살아내는 것이라고
다시 찾아온 친구가 귀띔한다

기름지진 않더라도
촉촉하게 살라고

중년의 새해

나이를 한 살 더 먹는 게 아니라
그림자가 하나 더 생기는 것이다

노회하고 고약스런 그림자
어느샌가 하나둘 늘기만 했지
바꿀 줄 모르는 부동의 그림자

눈물 들썩이는 아내의 어깨를 스치고
교묘한 자본에 소외 받는 청년에 혀 차고
책가방 무거운 아이들을 어제와 비교하고
연민보다 편익과 줄 서는 법에 덕담하는

그림자 그림자 그림자
안개처럼 드리운 무거운
그림자 그리고 그 남자

중년의 새해는
나이를 한 살 더 먹는 게 아니라
그림자를 하루씩 지우는 오늘이다

제4부
모든 상처에는 꽃이 핀다

산불은 봄비를 이길 수 없습니다

홑동백 한 그루 키웠습니다
꽃잎이 불씨였는지 마음이 불씨였는지
이른 봄 소소리바람 타고 산에 오르더니
뒷산 앞산 할 것 없이 굴참 졸참 할 것 없이
개울 건너 언덕길 솔밭까지 다 태웠습니다
하 붉었던 탓인지 숫제 까맣습니다
재로 변한 잿등 아래 넋 잃고 주저앉아
낡은 서랍 꺼내듯 잔불들을 뒤적여 봅니다
마른 땅 마른 바람 메마른 가슴
미워하는 마음이 욕망이었습니다
집착하는 마음이 산불이었습니다
비가 옵니다, 사나흘 잔뜩 흐리고
오갈 데 없는 마음에 봄비가 내립니다
꽃 덤불 그리며 온 산야를 적십니다
어둠이 빛을 이길 수 없듯
산불은 봄비를 이길 수 없습니다

해녀

성게 미역국 먹다가
지난 숙취의 이유가 떠올라
후유, 하니
국그릇 달라붙은 미역 줄기
호이, 한다

테왁에 가슴 얹고
휘파람 불며 숨 돌리는 여인
뜨거운 바다 냉정한 것들
망시리에 건져 올리며
수렵 본능 잃어가는
녹슨 식탁 중년의 사내에게
힘찬 숨비소리 들려준다

호오이
호오이

숨 쉬는 게 뭐냐고
사는 게 다 뭐냐고

땅끝

끝까지 가 본 적이 얼마나 있던가
끝이 보이지 않아 절망했던 시간들
끝을 보려고 침묵의 불꽃을 태워도
끝은 쉬 곁을 내주지 않았네
끝은 날카로워 내 무딘 사랑은
끝이 아닌 끝에서 멈춰 섰네
끝도 밑도 알 수 없을 때, 땅의
끝에 서서 시작의 파도 소리 듣네
끝과 시작은 처음부터 하나라는 듯
끝과 시작에 무지개는 피어오르네
끝자락 보랏빛 계단에 첫발 디디며
끝의 시작이 또 다른 끝임을 깨닫네

맨드라미

사람들 떠난 지산동 골목길
늙은 수탉들이 한 집 건너 한 집
목울대 치켜들고 빈집을 지킨다

'차카게 살자' 다짐했던
공중목욕탕 푸른 '일심一心'들
인적 없는 해거름을 쪼며
늘어진 볏을 쓸어 올린다

살림 부딪히는 소리 사라지고
강짜 부리던 횃소리도 떠나고
웃통 벗은 상하이 뒷골목마냥
모두가 루쉰이었던 그리운 80년대

가난한 정의는 불온했고
못 배운 희생은 불순했다
깡깡한 놈들도 매 맞고 돌아와
반 실성해 장광 뒤 붉게 울었다

먹을 것 없는 사람의 골목길
붉게 울고 푸른 볏을 세우던
시대의 수탉들이 한 집 건너 한 집
목울대 치켜들며 기억을 지킨다

눈 내린 오월

딱 이런 날이었어요
그러니까 손꼽아 기다렸던 어린이날
동물원 소풍 약속은 온데간데없이 사라지고
몇 날 며칠 눈이 퉁퉁 붓도록 울며불며 생떼를 부렸지요

며칠에 며칠이 지나고
어린 눈치에도 뭔가 이상했는지
동물원 가잔 말 못 했지요
이상한 게 한두 가지가 아니였지요
내가 너무 씨게 떼써 그런당가 생각했지요

할머니는 곗날에도 데려가지 않으시고
흰 수건 두르고 양동시장 밥하러 가신다고 했지요
아버지는 막둥이 삼촌이랑 연락이 끊겼다고
도청에 가 봐야겠다며 집을 나섰지요

긍께 니들은 집 밖에 나댕기지 말라고
빗자루를 거꾸로 잡아 흔들며 잡도리하셨지요
아버지는 저녁을 훌쩍 넘겨 감자볶음이 눅눅해질 때쯤

돌아오셨고
　여름 마바지에 핏물이 흥건했지요

　미친놈들 그런 미친놈들은 첨 봤당께
　마구 쏴대고 대검으로 찌르고
　오메 내 옆에 있던 아가씨가 크게 다친 거 같은디
　나도 기독병원에서 간신히 지혈하고 왔당께

　술도 안 취했는데 아버지는 도무지 이해할 수 없는 화를
　누구한테 퍼붓는지 알 수 없었으나
　확실히 나는 아닌 것 같았고 막둥이 삼촌도 아니었지요
　국군의 날도 아닌데 낮에 손 흔들어줬던 군인 아저씨들
얘기 같기도 했지요

　이상한 일은 잠자리에서도 계속되었지요
　갑자기 할머니가 엄니한테 겨울 솜이불을 가져오라 하
시더니
　나를 애벌레 고치 말듯 둘둘 마는 게 아니겠어요

할머니, 덥고 답답하당께
잉~ 아가, 옹삭스럽드라도 오늘은 그러케 자라잉
엄니, 야가 답답하다허요
아야, 모르는 소리 말그라잉, 동란 때 니들도 다 이맹키로 했응께

그날 밤 콩 볶는 소리와 전설의 고향에서 들었던 귀신 울음소리는
밤새 놀란 다람쥐를 실타래처럼 돌돌 휘감았지요

할머니는 화단에 올라가 지전을 태우며 홰치듯 손을 저었지요
그러자 눈이 내리기 시작했지요
구멍 난 창호 틈새로 펑펑 내렸지요
달도 없는 어둠 속에서 별처럼 내렸지요

수선화에게
– 추사秋史의 노래

녹색 치마 휘두른 겨울 여인아
흰노랑 저고리 나비 같은 여인아

위리안치 가시 울 밑

기름지지 않고도 고결했네
꼿꼿하지 않고도 강직했네

돌담에 얼굴 포갠 물결 같은 사랑아
몽당붓 꾹꾹 눌러 꽃잎을 뿌려다오

해남길 되짚어 무량수각 이르면
쇠락한 작은 몸 차 한 모금하려네

욕망이라는 이름의 전차

분명 보았다
브랙시트를 선택한 영국을
트럼프를 당선시킨 미국을

어리석은 늙은이들의 판단이
젊은이들의 발을 묶었다고

무지하고 가난한 백인들의 혐오를 자극해
천박한 부동산업자가 대통령이 됐다고

일등 선진국도 그 국민도 별거 아니라며
노가리에 맥주잔 부딪히며 낄낄대고
조롱하지 않았던가

부끄럽지만 남 얘기가 아니다

대기업 회장 출신 대통령이
서민의 지갑을 채워줄 거라는 몰계급적 욕망이
압도적인 표 차로 금융사기꾼을 당선시켰다

예견대로 토건의 야망은 4대강 사업으로
건설업자들에게 폭리를 안겨주며
온갖 수뢰와 비리, 환경파괴 자원낭비
서민들 주머니 속 동전까지 털어갔다

다시 과거가 현실로 돌아왔다
남을 비웃던 어제가 우리의 오늘이 되었다

부동산과 미래
부동산과 평화
부동산과 민주주의
그리고 억강부약

등치 될 수 없는 가치가
남을 조롱하고 비웃던 그
욕망이라는 이름의 전차에 올랐다

삼월 초아흐레 자정 넘긴 귀갓길

파지 수레 위 귤 파는 노파의 시선을 피해
주머니 두 손 꽂고 어깨 움츠리며
총총히 들어선 아파트 현관
깜빡이는 불빛이 예배당 종처럼 뺨을 때린다

나주평야 봉분 같던 한 무더기 귤
꽃샘추위 마지막 떨이였을까
연민은 늘 욕망의 그늘에 잠겨
대합실 창가에서 서성거린다

김남주

무등산 내달리며 백성이 구한 나라
충장공 김덕령 원혼 붓끝 칼춤을 추고
우금치 전봉준 마지막 눈빛 펜으로 현신
오월 윤상원 칼빈 총소리 붉은 잉크로 흩뿌려
청송녹죽 가슴에 꽂고 가장 인간다운 반란
철창의 햇살 핏물보다 부시게 갈아
무디게 시 쓰는 자는 조선의 낫으로
열정 없는 사랑꾼은 사과 반쪽으로
살라 하네 되라 하네 분단의 강 건너
다 함께 가자 하네 손잡고 가자 하네

호남湖南

한땐 역적이었다
한땐 불령선인이었다
한땐 빨갱이었다
한땐 폭도였다
한땐 내륙의 섬이었다

나라와 인민을 위해
젖가슴 통째로 내주던
못 배우고 가난한 엄니
하 세월 모른 척 잊은 척 없는 척
너덜너덜 돌아온 염치 모른 자식 놈
더 이상 빨 것 없는 쭉정이 가슴팍
그루터기까지 내어준
야심 삼경 피 토하는 소쩍새

우리의 녹두꽃이었다
우리의 십자가였다
우리의 촛불이었다

반도의 가시면류관
나라와 백성을 살리는
약무호남 시무국가若無湖南 是無國家

청자상감운학문매병
- 강진만에서

풀어진 저고리 섶
바닷일 마치고 돌아온
비릿한 사내의 손
탐진 젖줄 끌어안고
만덕산 연꽃 올려 본다

그 옛날 난파된 양이선 하멜과
유배 온 천주쟁이 안주 삼아
곡주 한 사발 시장기 달래고
청록의 불빛에 눈동자를 적신다
칠량과 마량의 바람을 담아
회색의 뼈를 굽는다

아름다운 것은
도적이 먼저 알아보는 법

사내들은
제 것을 가져 보지 못한 채
진흙 창공에 날개를 새겼으리라
지울 수 없는 내일을 구웠으리라

노회찬

나사렛의 한 청년이 줄을 탄다
골고다를 넘는다 갈보리를
넘는다, 춤추듯, 보라
거미줄에 칭칭 제 몸을
감는다, 고치 감듯, 보라
핏빛 노을이 생명의 비단으로
무명빛 구름이 인간의 주단으로
가난한 자들을 위해, 노동으로
삶의 빚을 갚는 영혼들을 위해
칭칭 제 몸을 감는다, 눈감는다
머리에 석남꽃 꽂고
부활의 언덕에서 춤추는
그대, 헐벗은 자들의 나비

금연

인연을 끊는다는 게 어디 쉽나요
우선 속이 울렁거릴 거예요
믿고 싶은 것들을 믿을 수 없으니
슬슬 짜증도 나겠지요
기레기들의 뜬구름 같은 재롱도 그립겠지요
며칠 잘 버티셨나요
당분간 술자리는 피하신 게 좋습니다
이젠 몸에서 반응이 올 거예요
변비에 두통까지, 노발대발 남 탓하면서
왜곡을 합리화할 줄도 몰라요
심한 분들은 발끝에서 벌레가 기어오르는 것 같다고 하더군요
이쯤 되면 전문가 상담과 치료가 필요할 듯싶네요
거짓된 욕망은 가족 모두를 절망에 빠트립니다
금단의 고통에 잠 못 이룬다면
따뜻한 녹차 한잔과 책장에서 잊힌 시집 한 권 꺼내
잠든 딸아이의 머리맡에서 음미하시길 권합니다
새까만 가래들이 각혈하듯 뱉어지면
칠 부 능선은 넘으셨습니다

이제 뒷방 노인 같은 골골한 기침도 점차 멎고
기관지 섬모도 해방을 맞이한 듯
넘실넘실 만세 춤을 출 겁니다
거무튀튀한 혈색도 윤기 나게 돌아오고
무엇보다 아이들이 달려와 안길 겁니다
인연을 끊는다는 게 어디 쉽겠습니까만
악연을 끊는 것도 부처님 법입니다

반달이

골방에 갇혀 계절도 모른 채 널 잊겠다고
오래된 침묵으로 누런 살갗에 침을 놓았다

잊겠다는 건지 못 잊겠다 어깃장을 논 건지
어리석은 자해공갈로 미련만 가득 새겼다

반쪽짜리 용렬한 가슴으로 원앙 없는 금침
품을 길 없어 머리맡 상념처럼 낡은 이불만
켜켜이 쌓아 뒀다

내 반쪽 가슴은 한 번도 열린 적 없는
널 향한 그리움이다

세월로만 기다림을 채웠다면 돌아올 리 없는
탕아를 사랑의 변명으로 저주했으리

사개 짜듯 부들부들 밀려온 하룻밤 손깍지
그건 사랑이라기보다 네게로 덜컹 놓아버린
애틋한 참수였다

낮은 산을 위하여

높다고 다 세상을 품는 건 아니다
해 질 녘 사람의 마을로 터벅터벅 내려와
영산포 나루의 어깨를 허물없이 건
가야산을 보라
실패의 눈물 잔을 털고 있는 친구의 목덜미를
검붉게 핥고 있는 순결한
저 짐승의 젖은 근육을 보라
나는 한 번도 네 뒤에서 운 적 없다
가끔 흘리던 네 앞에 눈물도
너에게 닿지 못했다
술 한 잔 올리지 못했다
강물은 발밑에서만이 아니라
머리 위에서도 출렁거림을 알지 못했다
그리움이 왜 붉을 수밖에 없는지
그리울수록 왜 검붉어지는지
산은 스쳐도 한 방이라는 듯
사람의 마을을 가슴 뛰는 핏빛으로
잠들게 한다

모든 상처에는 꽃이 핀다

온실에
화창한 봄날에
동남아 호텔 정원에
따로 있는 줄 알았다

두 줄 주름 바지 인생

얼음에 데어 보고
열정에 차여 보니

알. 겠. 다.

오
묘한, 꽃
그 자리

모든 상처에는 꽃이 핀다

| 해설 |

일상 속의 본질 탐구와 긍정적 서정의 미학

김규성 시인

1

 현실과 유리된 시들이 범람하고 있다. 그러나 어떤 장르의 시도 본질적으로 현실에 뿌리를 내리고 있다는 사실을 기억할 필요가 있다. 시의 핵심 도구인 언어는 현실을 근간으로 당대, 즉 현실 사회의 감각과 정서, 심리적 욕구를 형상화하기 때문이다. 시에 나타난 시간과 공간이 과거 혹은 미래를 주제와 배경으로 한다고 해도 그 화자는 현실이라는 시공의 영역에서 시를 쓰는 현재적 존재라는 사실은 부정할 수 없다. 아무리 기발한 상상이나 초현실적 환상도 결국 현실에서의 경험이나 지식, 심리, 무의식, 욕구를 바탕으로 가상의 얼개를 짜 맞춘 것일 뿐이다. 실현 불가능한 초현실적 상상도, 실현 가능한 이상도 현실을 위해 설계된 가상의 현실일 따름이다. 초현실이라는 단어 없이도 현실이라는 단어는 존재하지만, 현실이라는 기준어 없이 그 파생어인 초현실이나 탈현실이란 표현은 성립되지 않는다. 미래지향적 이상, 현 세태에 대한 비판과 개선은 미래의 현실을 위한 필요조건이지만 어떤 경우에도 충분조건을 지향하는 현실 자체를 외면할 수는 없다. 그것은 삶 자체를 부정하는 것이기 때문이다. 따라서 어떤 사상도 예술도 결국은 현실의 주체인 현재의 인간사회로 귀결되기 마련이다. 이는 어떤 시도 현실을 위해 복무할 때만 그 존재 가치를 확보할 수 있음을 뜻한다.

유진수의 시는 현실을 기점으로 출발해, 보다 정련된 현실로 마무리하기에 늘 현재적이다. 때로 현실을 가다듬기 위한 성찰이나 속다짐의 장치로 빌리게 되는 과거는 시제상 과거일 뿐 미래지향적 현실의 조동사 역할을 한다. 그에게 현실은 현재라는 시간(가장 중요한)의 구체적 실천 무대여서 그는 늘 현실에 초점을 맞추어 감정을 다스리고 의지를 북돋운다. 그리고 자신을 포함한 인간이 자연과 더불어 시적 주체로서의 소임을 다하는 데 중점을 둔다.

> 찬바람이 불면 사내들은
> 국밥 한 그릇에 군불을 지핀다
>
> 선지 한 덩이 입안에 품고 호우호우
> 안개 낀 전장에서 살아남은 초병처럼

이마를 훔친다

모락모락 피어오르는 국물에
굳어버린 근육을 적시고
어제보다 빠른 중년의 오늘을
잠시 멈춰 세운다

온갖 것이 뒤섞인 일상의 뚝배기
깊이 가라앉은 흰 밥알들이
비릿하고 고소한 피의 대가로
한잔 술을 청한다

산다는 건
만물의 살점과 부속으로 연명하는 것

마지막 국물을 들이켤 때
왜 얼굴을 묻고 머리를 조아려야 하는지
쓰라린 패배만이 가르쳐주는 것은 아니다

찬바람이 불면 사내들은
국밥 한 그릇에 자신의 절반을 담근다

－「국밥」전문

유진수의 시에는 국밥·비빔밥·김밥 등, 밥이 시 제목으로 등장하곤 하는데 하나같이 대중적 음식이다. 이를테면 진한 애환이 깃들어 있는 전통적 서민음식이다. 시인의 가슴 언저리에 밥을 중시하는 민중의 전통의식이 자리 잡고 있기 때문일 것이다. 밥은 극히 일상적인 소비재이면서 목숨을 지탱하는 필수요소라는 점에서 가장 소중한 가치재이기도 하다. 진리는 비근한 데에서 상주하듯이 가장 절실한 생명의 요소가 지극히 일상적으로 삶의 일차적 근간을 이루고 있는 것이다. 이를 통해 유진수의 시가 탄생하는 태자리가 가장 가까우면서도 가장 소중한 일상의 다반사 속에 있음을 알 수 있다.

"마지막 국물을 들이켤 때/왜 얼굴을 묻고 머리를 조아려야 하는지/쓰라린 패배만이 가르쳐주는 것은 아니다"는 구절은 국밥 한 그릇 속에 담긴 생의 의미를 숙연히 반추하게 한다. 마지막 연 "찬바람이 불면 사내들은/국밥 한 그릇에 자신의 절반을 담근다"에서 "자신의 절반"은 당장 밥을 먹는 형상적 주체인 몸을 가리킬 수 있다. 그러나 결과적으로 마음의 작용인 만큼 절반이 아니라 혼신을 다해 국밥에 담긴 정서와 의미를 추스르는 것으로 보아야 한다.

유진수는 있는 것도 제대로 보지 못하고, 사랑할 줄도 모르면서 굳이 없는 것을 바득바득 좇는 이율배반과는 거리를 둔다. 첨단이라는 미명하에 가공의 현실을 추상적 언어와 말초적 감각으로 애매모호하게 가공하기에 급급한 세태에는 휘둘리지 않는다. 현실의 생활과 동떨어진 언어를 고문하고 비틀고 퍼즐 맞추듯 조작하는 억지를 부리지 않는다. 이런 측면에서 현실을 통해 내일을 추구하는 유진수의 시는 법고창신의 미래적 가치를 담보한다고 할 수 있다. 아래의 시 「양말을 개면서」는 그 진수다.

몰랐는데
양말을 개며 알았다

우린 참 다르구나

동글동글 말아서 칸칸이
납작납작 접어서 켜켜이

목 늘어나니 말자는 너와
아니다 아니다
짝 잃으니 접자는 내가

사계절 늘 푸른 바다가 있는
서랍장 안에서 물결친다

십수 년 몰랐는데
양말을 개며 알았다

서랍에는 밀물과 썰물이
함께 산다는 것을

　　　　　　　　　－「양말을 개면서」 전문

　양말을 개는 것은 일상사 중에서도 지극히 사소한 일이다. 그러나 그 사소한 일거리가 십수 년이나 놓치고 있던 일상의 의미를 새삼스럽게 깨우쳐준다. 늘 되풀이하는 범속한 일상 속에서 특별한 의미를 발견하는 데 이 시의 묘미가 있다. "십수 년 몰랐는데/양말을 개며 알았다"는 구절은 그 절정이다. 양말을 둥글둥글 말아서 두자는 아내와, 짝을 구분해 따로 접어 두자는 시인의 티격태격 사랑싸움은 얼핏 보아 사소한 것 같지만 그 의미를 곱씹어 보면 현격한 사고방식의 차이를 드러내고 있다. 이를 확대 해석하면 고차적 생활 철학과 방법론적 성찰로 비화할 수 있다. 이 시는 일상의 진지한 내재적 가치를 새롭게 밝혀냄으로써 일상의 단순 반복이 얼마나 피상적인가를 역설적으로 증명해준다. 일상은 그냥 모르쇠 지나칠 때만 상투적이지 그 이면을 돌이켜 추스를 때는 상상 이상의 깊고 명료한 철학이 담겨 있음을 주지시켜 주는 것이다.

　현실과 불가분의 관계를 이루는 생활은 현실의 실천기제이기에 생활을 통해 구체화 된다. 한편 생활은 일상에

의해 그 지속성을 확보하는데 여기에서 일상생활이라는 합성어가 태어난다. 돌이켜 보면 한정된 수명 속에서 일상생활만큼 절실하고 절박한 명제는 없다. 따라서 그것을 소홀히 하며 이상을 논하고 상상의 세계를 탐닉하는 것은 자가당착이나 이율배반이기 쉽다. 그럼에도 시인들 상당수(어쩌면 대부분이 그 유혹으로부터 자유롭지 못할 지도 모르는)는 습관적으로 탈일상이나 새로움만을 추구하는 데 연연하고, 평자들도 덩달아 그 '사막 위의 노마드 놀음'에 맞장구를 치는 경향이 있다.

상상력을 키우고 발휘하는 것은 문학의 필수요소에 해당할 수 있지만 문제는 일상생활의 우수한 시적 조건들을 상투성이라는 마타도어로 단죄하고 경원시하는 데 있다. 이런 부류의 시인들일수록 현실에 대한 치열한 고뇌도 없이 현실과 동떨어진 시, 현실에 무책임한 시를 연목구어 식으로 급조해 시와 현실의 관계를 소원하게 한다.

유진수의 시는 하나같이 일상생활에서 조우하는 사물과 감성, 경험을 진지한 사유를 통해 새롭게 의미화 한다. 일상과 밀착된 낮고, 평범하며, 소소한 사건과 사물을 통해 궁극의 본질과 맞닿은 보편적 가치를 성실하게 추구한다. 이는 현실과 유리된 거리에서 추상적 언어의 낯선 퍼즐을 꿰맞춰 갈수록 시와 독자의 거리를 멀어지게 하는 일군의 탈 서정시적 시풍과는 대조를 이룬다.

나무와 바람의 말을 옮긴다
꽃과 새들의 노래를 옮긴다

나의 시는
필사筆寫의 흔적

계곡물이 소란거릴 때
옹달샘이 슬픔에 잠길 때

열두 굽이 사연으로 흐르는 강과
더 이상 갈 곳 없는 사람들의 바다가

노래하고 춤출 때
분노하고 쓰러질 때

나의 노래는
필사筆寫의 노력

동트기 전 이슬을 받아
가난한 영혼들과 반쪽을 나누는

가장 치열한
필사必死의 투혼

— 「필사의 노력」 전문

유진수의 시 쓰기는 "나무와 바람의 말을 옮"기고 "꽃과 새들의 노래를 옮"기는 필사筆寫다. 그뿐이 아니다. "열두 굽이 사연으로 흐르는 강과/더 이상 갈 곳 없는 사람들의 바다가//노래하고 춤출 때/분노하고 쓰러질 때"도 그는 "필사必死의 투혼"을 발휘해 그들을 필사筆寫한다. 시인은 곧 이웃의 신음과 자연의 복음을 전달하는 자이자 그 필사적 실천자인 것이다. 여기에서 '사람'은 일상의 이웃이며, 자연은 일상의 일부이자 순수한 본질을 지시한다.

유진수는 일상의 언어와 정서를 활용해 서정시의 본령에 충실함으로써 진솔하고 건강한 시세계를 구축한다. 그러면서도 상투성이나 도식적 안일은 철저히 경계한다. 그리하여 '구태의연한 전통'의 혐의에서 자유로울 수 있다. 공감 능력을 지닌 좋은 시는 일상의 경험 속에서 탄생한다는 시론이 아직도 유효하다면 이 부분에서 유진수의 시는 고유의 가치를 지닌다.

사월 끝자락 어느 날이었습니다. 허리가 아프시다던 어머니를 모시고 정형외과 하는 동창 녀석 병원으로 진료받으러 갔습니다. 얼마 전 초진을 한 병원에서 수술 이야기를 듣고 평소 겁이 없으신 어머니가 허리에 칼 대면 주저앉는다고 걱정이 이만저만 아니었습니다. 외삼촌은 3번 4번 척추가 탈이고 당신은 4번 5번이 문제라고 뼈도 유전이라며 니 허리는 우째 괜찮냐고 사슴 눈으로 무딘 화살을 돌리십니다. "엄니, 어디가 어떻게 아픈지 편하게 말씀하쇼잉." 어찌 된 일인지 서글서글한 입가는 얼어붙고 귀찮은 각다귀 쳐다보듯 주변을 힐끗힐끗하십니다. 시큼털털하게 병원을 나와 혼잣말로 '내 뒷바라지 잘했으면 니도 저리 좋은 자리 앉아 잘 살 텐디 못난 부모 만나 미안타' 하십니다. 대꾸할 수 없는 어머니의 묵언을 귓등으로 튕기며 근처 소문난 추탕집으로 향했습니다. 오랫동안 일꾼들 밥을 지으신 어머니는 한소끔 끓어오른 내 뚝배기에 부추 한 접시를 쓸어넣으며 나도 추탕집 주인도 쉬 알 수 없는 불편한 말씀을 초피 가루처럼 툭툭 뿌리십니다. "우째 내 뚝배기보다잉 니 뚝배기가 더 작은갑다."

―「뚝배기에 추탕만 담는 것은 아니다」 전문

이 시에 굳이 해설을 붙이는 것은 사족에 지나지 않는다. 어머니가 어떤 존재인가는 세계 어디를 가도 다를 게 없다. 어디에서나 어머니의 일거수일투족은 늘 감동적이기 때문이다. 어머니는 가장 일상적인 존재이면서도 늘 특별한 존재다. 가장 가까운 분이면서도 늘 소중한 존재인 어머니는 일상의 의미를 새삼 벅차게 일깨워주는 신비스런 존재다. "한소끔 끓어오른 내 뚝배기에 부추 한 접시를 쓸어넣으며 나도 추탕집 주인도 쉬 알 수 없는 불편한 말씀을 초피 가루처럼 툭툭 뿌리"는 "우째 내 뚝배기보다잉

니 뚝배기가 더 작은갑다."는 구절은 어머니에게는 일상적 표현이지만 시인에게는 특별한 한 편의 시로 다가와 가슴 속 깊이서 웅혼한 전율을 일으킨다.

　문학이 이성보다도 상상력과 관계가 깊다고 처음 말한 것으로 알려진 프란시스 베이컨은 "상상은 실재 세계에 얽매이지 않고 사실들을 자유롭게 변형해 사실보다 더 아름답고 좋고 다양하게 만들어 즐기는 것"이라고 밝힌 바 있다. 그러나 현실 세계가 지니고 있는 본질적 가치를 외면하거나 망각한 채 비현실적 상상만으로 무분별하게 짜 맞춘 시의 가치를 높이 평가하기란 간단치 않다. 그렇게 현실과 유리된 채 반사회적 일탈의 고삐가 풀린 시는 일상생활에 내재된 건강성과 진실을 알게 모르게 저해할 수 있다. 또 일상의 정서와 언어를 재기 불능의 상태로 혼란스럽게 할 수도 있다.

　일상생활 속에도 무수한 소재와 주제, 신선한 시어는 산재해 있다. 진흙 속에 묻힌 보석처럼 일상의 금광에서 미처 발굴하지 못한 시적 재원이나 요소는 부지기수다. 이를 도외시하고 무분별하게 새로움만을 밝히는 것은 무진장의 매장량을 담고 있는 천혜의 금광을 그 입구만 파헤치다 말고, 수박 겉핥기식으로 제2, 제3의 금광을 찾아 서둘러 옮겨 가는 병폐일 수 있다. 탈일상적 모험이나 언어유희에만 급급하며, 조악하고 공허한 상상력에 지고의 가치를 부여하는 시인이나 평자들은 혹시 자신이 그런 반경제적 채광

업자는 아닌지 돌이켜 볼 일이다.

2

유진수는 일상의 생활환경을 꽃밭으로 보고 있는데 마치 현상학적 환원을 연상케 한다. 본래 인위와 거리가 먼 자연인의 눈에는 우주와 만물이 꽃이나 다름없었다. 그러나 갈수록 치열한 경쟁 구도 속에서 평상의 감성을 잃고 일상의 피로감이 쌓여가면서 꽃은 현실과 격리되기 시작했다. 꽃의 신비가 관용적 상투어의 하나로 퇴색하면서 고유의 마력을 잃고 만 것이다. 그렇다고 라일락이 피는 봄을 잔인한 4월로 노래하는 꽃의 역설은 엘리엇의 「황무지」만으로 족하다. 그래도, 여전히, 더 많은 꽃들이 다양하게 그리고 더 아름답고 탐스럽게 피고 있기 때문이다. 뿐만 아니라 여전히 꽃에 관한 시들은 다투어 탄생하고 있다.

일상생활의 터전을 천혜의 꽃밭으로 인식하는 시각은 시인에게 소중한 자질이다. 꽃의 만개는 열매라는 축제의 전야제에 해당한다. 일상의 일부를 이루면서도 생활인들이 일상성으로부터 벗어나 무아지경의 흥취와 안복을 누리게 하는 데 꽃은 촉진제 역할을 한다. 따라서 세상을 꽃밭으로 의식하는 순간, 그 생활은 그만큼 풍요롭고 신선해진다.

유진수의 이번 시집 1부 제목은 『꽃』인데 권두시도 「꽃」이다. 이를테면 첫 시집의 문을 꽃으로 여는 셈이다. 그의 시에서 꽃은 평상의 집합명사 영역에서 특별한 고유명사로 상징화된다. 실제로 이번 시집에서 꽃을 제목이나 주제로 하거나, 꽃이 시어로 등장하는 시는 권두시 「꽃」 「치자꽃」 「맥문동 숲길」 「필사의 노력」 등, 네 편뿐이다. 대신, 아내 어머니 아버지 할머니 아이들 등 가족과 이웃이 대부분을 차지하고 있다. 이를테면 가족과 이웃이 꽃으로 상징화되고 있다. 그러면서 그들은 자연스럽게 시적 승화 과정을 거쳐 꽃 중의 꽃으로 격상한다. 그 꽃의 실체와 꽃을 피우는 비결을 아래의 시에서 돌이켜 보기로 하자.

김치찌개 끓이던
아내의 원피스에 짓국이 튀었다

새로 산 꽃무늬 원피스
실망이 이만저만 아니다

군살 붙은 농을 할까
시답잖게 약을 올릴까
하다, 문득

야, 꽃이 폈네 폈어!

하니, 싸악

웃는다
꽃이 웃는다

― 「꽃」 전문

    김치찌개를 끓이던 "아내의 원피스에" 김치찌개 "짓국이" 튀어 묻었다. 그것도 "새로 산 꽃무늬 원피스"다. 시인은 실망스럽고 난처한 장면을 어떻게 처리할까 망설이다가 "야, 꽃이 폈네 폈어!"라고 한다. 아내도 "싸악" 웃는다. "새로 산 꽃무늬 원피스" 속의 꽃은 무늬만 꽃이다. 그런데 시인은 아내의 얼굴에 진짜 살아 있는 웃음꽃을 피우는 마술을 부린다. 순간, 어느 꽃이 그보다 아름다울 수 있을까. 실은 시인 특유의 해학과 익살이 아름다운 것이다.

    가족이 일상 속에서 웃음꽃을 피우고 그 결과물로 튼실한 생활의 열매(사랑과 평안)를 거둘 때, 이 기운은 이웃과 사회로 확대되어 건강한 세상을 일구게 된다. 예컨대 꽃이 단순한 사물에서 상징적 해석을 거친 후, 다시 본질로 환원하는 과정을 동시에 압축해 시에 담아내는 것이다. 유진수의 꽃은 자연친화적 서정성, 끈끈한 가족애, 이웃사랑의 열매이다. 그 긍정적 세계관은 마침내 상처에도 꽃이 피는 이고득락離苦得樂의 화엄 세상에 이르게 된다.

온실에
화창한 봄날에
동남아 호텔 정원에
따로 있는 줄 알았다

두 줄 주름 바지 인생

얼음에 데어 보고
열정에 차여 보니

알. 겠. 다.

오
묘한, 꽃
그 자리

모든 상처에는 꽃이 핀다
- 「모든 상처에는 꽃이 핀다」 전문

 누구에게나 크고 작은 상처는 있다. 하이네는 척추가 마비되고 반 실명 상태로, 죽을 때까지 병상에 누워 8년이나 고통 속에서 지냈다. 그런데 그의 시 중 가장 아름답고 우수한 작품들이 이 시기에 탄생했다. 베토벤의 손꼽히는 걸작 '합창' 역시 청각을 완전히 상실한 한참 뒤에 탄생했다. 위대한 예술 작품은 대부분 고통과 역경의 결정이다. 상처를 꽃으로 피운 것이다. 유진수의 시에도 도처에 상처의 흔적이 보인다. 그런데 그는 상처를 꽃으로 변환하는 시적 마술을 부릴 줄 안다. 이야말로 그가 고달픈 현실에서도 좌절하지 않고 매사에 성실할 수 있는 비결이다.

3

유진수가 세상/현실을 꽃으로 보는 시각은 그가 자연과 남도에 천착하는 원초적 근거를 이룬다. 그의 시는 만나는 사물마다 진솔한 감성의 꽃을 피우고 성찰의 열매를 노래한다. 그 자연친화적 정서의 심연에는 그의 고향이자, 숱한 시인들의 이상향/마음의 고향이기도 한 남도가 있다. 유진수의 시는 대부분이 남도를 배경으로 삼고 있다. 영산강·무등산·목포역·강진만·땅끝·나주·양동시장·광주·벌교·해남·홍합탕·홍어·꼬막·메타세쿼이아·상감청자·김남주·정약용·노회찬(노회찬은 남도가 고향도 아니며 직접적 연고지도 아니지만 남도의 정서와 의식을 공유하고 실천한, 남도인이 좋아하는 사람이라는 점에서 훌륭한 남도인으로 볼 수 있다.) 등, 시간도 공간도, 그 속의 사람과 사물도 남도 일색이다. 60여 편의 시 대부분이 남도와 불가분의 정서적, 환경적 교감으로 이루어져 있다. 이를테면 유진수는 일련의 모태신앙이나 집단무의식의 발로와도 같은 심리와 정서로 남도의 골골샅샅에 배어 있는 고유의 체취를 노래한다.

홍어는 남도의 대표적 먹거리로 예부터 잔칫집의 접대 수준을 평가하는 필수품이었다. 유진수는 그런 홍어를 남도의 정한과 남도의 구성진 가락으로 노래한다.

썩을 놈

먼 길 떠나며 온다 간다
한마디 말도 없더니

유채 분내 맡고 왔더냐
철쭉 옷깃 따라 왔더냐

해 질 녘 영산나루 뒤태
얼마나 간드러지길래

코쭝배기 한번 안 뵈던 놈
애끓는 냄새 풀풀 풍기며

삭힌 속사정 고하러 왔더냐
뻥 뚫린 사연 털러 왔더냐

별빛은 무참히 쏟아지는데
달무리 여전히 출렁이는데

정인은 어데 가고 등대만 남았더냐
하세월 어데 가고 짚풀에 누웠더냐

– 「홍어」 전문

  1연에 홀로 배치한 "썩을 놈" 단 세 음절은 두엄자리에 삭혀 미각을 돋우는 홍어의 특성을 함축적으로 묘사하고 있다. 5연의 "삭힌 속사정 고하러 왔더냐/뻥 뚫린 사연 털러 왔더냐"는 1연의 부연설명인데 "삭힌 속사정"과 "뻥 뚫린 사연"을 털어 내는 것은 문제와 해답이 동시성을 이루는 인과적 상호성을 내포하고 있다. 속을 삭히는 것은 지난한 고통과 인내의 합작이다. 그리고 "뻥 뚫린" 것은 참담한 응어리가 완전히 발효되어 흥으로 반전되었음을 뜻한다. 남도의 숙명적 애환이 홍어를 통해 표출되고 해소되었다는 점에서 이 시는 제 역할을 다한 셈이다.
  한국은 삼면이 섬과 바다로 둘러싸여 있으며, 칠 할이 크고 작은 산으로 이루어져 아기자기한 풍취를 선사한다. 금수강산이라는 말이 실감나리만치 산과 강변마다 갈수록 연둣빛으로 황홀하다. 그중에서도 남도는 다도해와 리아스식 해안으로 이루어진 다양한 풍치의 서해와 남해를 거느리고 있다. 가을이면 너른 들판에 고루 넘치는 황금물결이 벼 단풍의 장관을 펼친다. 사람의 발길을 허락지 않는 명산 대첩의 깎아지른 기암절벽에 비해 둥글둥글하고 순한 남도의 산은 도형 상으로 보면 완성형으로 편안한 친밀감을 준다.

예부터 풍부한 물산을 다양한 미각에 맞추어 빚은 남도의 먹거리는 따뜻한 인심의 원천이었다. 풍요로운 자연환경 탓에 사물의 개체 수와 거기에 따르는 이름이 많고, 그 특징을 적절히 표현하기 위해 수식어와 서술어가 발달한 남도의 언어는 한국어 중에서도 맛깔스러운 의성어와 의태어의 보고다. 이 부분은 남도의 시인들에게는 태생적 축복이요 특혜다. 이를 바탕으로 고전시가, 유무명의 풍류시, 「사미인곡」을 비롯한 가사문학, 전통서정시의 뿌리 깊고도 결 고운 맥을 면면히 이어 왔다.

아래의 시는 그런 맥을 잇듯이 되살리고 있다. 남도의 산은 대부분이 낮고 둥글다. 유진수는 그런 산세를 렌즈 삼아 그 현미경 속에 비친 세상을 전경화 한다. 통상 산은 높은 곳으로 기억되는데 이를 낮은 곳으로 재해석해 역설적 의미를 창출해 낸다.

    높다고 다 세상을 품는 건 아니다

해 질 녘 사람의 마을로 터벅터벅 내려와
영산포 나루의 어깨를 허물없이 건
가야산을 보라
실패의 눈물 잔을 털고 있는 친구의 목덜미를
검붉게 핥고 있는 순결한
저 짐승의 젖은 근육을 보라
나는 한 번도 네 뒤에서 운 적 없다
가끔 흘리던 네 앞에 눈물도
너에게 닿지 못했다
술 한 잔 올리지 못했다
강물은 발밑에서만이 아니라
머리 위에서도 출렁거림을 알지 못했다
그리움이 왜 붉을 수밖에 없는지
그리울수록 왜 검붉어지는지
산은 스쳐도 한 방이라는 듯
사람의 마을을 가슴 뛰는 핏빛으로
잠들게 한다

-「낮은 산을 위하여」 전문

　　유진수는 남도의 산을 일러 "실패의 눈물 잔을 털고 있는 친구의 목덜미를/검붉게 핥고 있는 순결한/저 짐승의 젖은 근육을 보라"고 노래한다. 시인은 "높다고 다 세상을 품는 건 아니"라는 도입부를 전제로 순하고 원만한 남도의 산을 역동적으로 그려내고 있다. 이는 따뜻하고 순박한 내면에 서려 있는 숙명적 정한, 그리고 이를 극복하고자 하는 결연한 의지를 상징한다. "나는 한 번도 네 뒤에서 운 적 없다"는 구절은 과거에 연연하지 않고 현실을 직시하는 속다짐으로 읽힌다. 그러면서도 시인은 "가끔 흘리던 네 앞에 눈물도/너에게 닿지 못했다"고 현재에 온전치 못한 자신을 책망한다. 이 시는 전체적으로 그 정한이 얼마나 뿌리 깊고 절실한 것인가를 실감케 한다. 한편 "그리움이 왜 붉을 수밖에 없는지/그리울수록 왜 검붉어지는지" 자문하는 대목에서 보듯 현실 극복에 대한 희원과 의지가 돋보인다. "사람의 마을을 가슴 뛰는 핏빛으로/잠들게 한다"는 마지막 행에서도 치열한 양가적 감정을 읽을 수 있다.

산업사회에 접어들면서 남도의 시는 도시와 현대문화 중심의 급류에서 밀려나 침체의 늪을 표류하고 있다. 그렇다고 이를 단순히 전통서정시의 시대사조적 퇴조라는 불가피한 상황으로 체념한 채 수수방관할 수만은 없다. 당대의 언어로 당대를 노래해야 하는 시의 보편적 특성을 고려할 때, 지금은 남도의 특장을 당대에 맞추어 시의 적절하게 담아내는 탄력적 적응이 절실한 시점인 것이다.

유진수는 늘 곁에 있는 것도 새롭게 보고, 가까이 있었어도 그냥 지나쳐온 사물과 현상을 새삼 돌이켜 보며 그 속에서 미처 깨닫지 못한 진리와 지혜를 발굴해 되새긴다. 성실하고 진지한 자세로 맞이하는 일상생활에서, 경험을 통해 익힌 시어를 따뜻한 정감과 성찰적 사유로 담아낸다. 가장 가까이에서 현재를 공유하는 이웃과 사물을 자연스럽게 돌보여 주는 것이다. 그 편 편은 곧 남도라는 현실 속의 시적 유토피아와 공동 작업을 한 특산품이다.

다시 유진수의 남도적 정서의 원천이자 집약인 가족으로, 그중에서도 이 시집의 실질적 주체인 '아내'로 돌아가 보자.

소풍도 야유회도 없는
이른 아침 아내가 김밥을 만다

(중략)

흥부네 식구들처럼
옆구리 터진 방에 나란히 누워
웃음과 눈물로 비벼진 하얀 밥을 기다린다

바다를 건너온 저 뗏목에 누워
다시 건너야 할 바다를 생각한다

세파에 떨어지지 않게
유혹에 미끄러지지 않게

어린것들 잘 동여매고
행복했던 순간 잘 붙들어 잡고

가끔 아내의 이유 없는 김밥에
많은 이유가 달린다

우리 잘 섞여 있는 거지
우리 잘 말고 있는 거지

— 「아내의 김밥」 부분

"세파에 떨어지지 않게/유혹에 미끄러지지 않게", "우리 잘 섞여 있는 거지/우리 잘 말고 있는 거지" 하고 김밥을 말 듯 한 묶음으로 다짐하는 정경이 어떤 그림보다도 눈에 선하고 어떤 경전보다도 가슴에 와 닿는다. "가끔 아내의 이유 없는 김밥에/많은 이유가 달"리듯 시인은 지극히 소소한 일상에서 특별한 의미와 가치를 자연스럽게 도출해낸다.

4

철학은 플라톤 이래 내내 "본질은 현상에 앞선다."는 명제를 동어 반복적으로 되풀이해 왔다. 그러나 아직까지도 본질의 실체를 명쾌하게 밝히지 못했을 뿐더러 그 막연한 본질의 허상에 애꿎은 현실을 저당 잡혀 현실에도 제대로 충실하지 못하는 모순을 지속해 왔다. 중요한 것은 현실이다. 현실은 미완의 본질이며, 본질은 현실 속에 내재해 있지 따로 모셔져 있지 않다. 따라서 본질은 현실에서 그 실상을 찾아야 한다. 그렇지 못할 경우 그것은 공허한 이상이나 공리공론에 그치기 쉽다.

시도 예외는 아니다. 윤동주의 서시는 하늘 우러러 한 점 부끄럼 없는 인간의 본질을 현실의 삶 속에서 추구한다. 막연한 이상, 현실과 유리된 관념, 언어유희 따위가 아니라 사회적 인격체로서 가장 절실한 명제를 현실 속에서 구한 것이다. 그럼으로써 한 세기가 지난 지금에도 당대의 현재성을 확보하고 있다.

유진수는 스스로 부끄럽지 않은 남도인의 준엄한 자기 검열을 시의 지표로 삼는다. 거기에 따뜻하고 소박하면서도 내밀한 남도 서정의 진수를 선보인다. 진지한 가운데도 요소요소에 은근한 해학을 곁들여 긴장과 이완의 유효 사거리를 신축적으로 조율하는 데 시적 묘미가 있다. 무엇보다도 유진수의 시는 부조리, 분노, 모순, 혐오 등, 부정적 정서가 팽배한 혼란의 시대에 보편성에 입각한 본질을 담보로 긍정의 미학을 노래하는 데서 그 진가를 찾을 수 있다. 이는 탈 전통과 다양성에 볼모로 잡혀 방향감각을 상실한 현대시의 나침반 중 하나로 남도 시의 르네상스를 희원하는 치열한 자구 노력과도 직결된다.

　마지막으로 그의 시 한 편을 소개하는 것으로 그 절절한 고백을 대신하고자 한다. 어디를 가나 그에게 남도는 "열에 한 번은 울음이 되고/백에 한 번은 그리움이 되"는 정한과 그리움의 보금자리다. 그리고 어디를 가나 거기는 남도로 돌아가기 위한 간이역일 뿐이며, 남도야말로 조상 대대로의 숨결을 돌이켜야 할 어머니의 품 같은 종착지인 것이다.

> 완행을 탔습니다
> 돌아 돌아간다는 이야기지요
> 이야기라는 게 원래 그렇습니다
> 바로 가는 법이 없습죠
>
> (중략)
>
> 숨 한번 고르고 나니
> 이야기라는 게 그렇습니다
> 열에 한 번은 울음이 되고
> 백에 한 번은 그리움이 되어
> 다시 기차는 출렁입니다
> 어제 같은 오늘 나주역에서
> 　　　　　　　—「바로 가는 이야기는 없다네」 부분

바로 가는 이야기는 없다네

초판1쇄 찍은 날 | 2022년 06월 28일
초판1쇄 펴낸 날 | 2022년 06월 30일

지은이 | 유진수
펴낸이 | 송광룡
펴낸곳 | 문학들
등록 | 2005년 8월 24일 제2005 1-2호
주소 | 61489 광주광역시 동구 천변우로 487(학동) 2층
전화 | 062-651-6968
팩스 | 062-651-9690
전자우편 | munhakdle@hanmail.net
블로그 | blog.naver.com/munhakdlesimmian

ⓒ 유진수 2022
ISBN 979-11-91277-47-0 03810

• 잘못된 책은 바꿔드립니다.
• 이 책 내용의 전부 또는 일부를 재사용하려면
  반드시 저작권자와 문학들의 동의를 받아야 합니다.
• 책값은 뒤표지에 표시되어 있습니다.
• 이 책은 전라남도, 전남문화재단의 후원을 받아 발간되었습니다.